Bärbel Jung

Angehörige(r) sein

Würdigung eines menschlichen Dilemmas

Wie kann ich einen Betroffenen unterstützen und dabei meine eigenen Grenzen bewahren?

Schriftenreihe

Vom Chaos zur Klarheit

Band 2

© Bärbel Jung, Kassel 1. Auflage Mai/2021

Coverfoto: Privat (Fotografin Dagmar Höffken)

Herstellung und Verlag: BoD - Books on Demand, Norderstedt

ISBN 9783753440828

Bibliografische Information der Deutschen Nationalbibliothek: Die Deutsche Nationalbibliothek verzeichnet diese Publikation in der Deutschen Nationalbibliografie; detaillierte bibliografische Daten sind im Internet über http://dnb.dnb.de abrufbar.

Kontakt:
praxis@baerbeljung.de   www.baerbeljung.de

Sorge Dich nicht um das, was kommen mag, weine nicht um das, was vergeht; aber sorge, Dich nicht selbst zu verlieren, und weine, wenn Du dahintreibst im Strome der Zeit, ohne den Himmel in Dir zu tragen.

Friedrich Ernst Daniel Schleiermacher

Illustration © Leonard Riegel

Die Selbstüberforderung

Schauen Sie sich bitte zuerst kurz dieses Bild an und lassen Sie es auf sich wirken; ein Leuchtturm, der im Rettungsboot unterwegs ist. Ein Leuchtturm im Rettungsboot, ist das realistisch? Ergibt es einen Sinn?

Welche Gedanken, Gefühle, Bilder kommen jetzt in Ihnen auf?

Das, was wir beim Anblick dieser Karikatur empfinden, spiegelt etwas wider, was wir in der Rolle als Angehörige gut kennen; die Unmöglichkeit beides gleichzeitig sein zu können: Retter auf offener See und Orientierung und Halt gebender, sicherer Hafen. Und dennoch halten viele an dieser Unmöglichkeit fest.

Ist die Aufhebung eines solchen Dilemmas überhaupt möglich?

Zur Angehörigenarbeit ist schon viel Kluges gesagt und geschrieben worden. Doch bis heute inspiriert mich dieses eine Buch, weil es an inhaltlicher Aktualität nichts eingebüßt hat, obwohl es bereits vor mehr als vierzig Jahren zum ersten Mal erschienen ist und, wie ich meine, zu Recht ein Bestseller wurde: *Freispruch der Familie – Wie Angehörige psychiatrischer Patienten sich in Gruppen von Not und Einsamkeit, von Schuld und Last freisprechen.* Herausgeber des 1982 erstmals erschienen Bandes waren Dörner, Egetmeyer, Koenning. Bereits im Titel ist es gelungen die komplexen Herausforderungen, vor denen Angehörige eines hilfsbedürftigen Menschen stehen, auszudrücken.

Was ist jedoch dein zentraler Schmerzpunkt, wenn du ungefragt zum Angehörigen wirst und es bleibst?

Was brauchst du, um aus diesem Schmerz heraustreten zu können und der zu sein, der du bist, und nicht der, der du sein willst oder sein sollst?

Diese Kernfragen treiben mich seit vielen Jahren in der Zusammenarbeit mit Angehörigen um. Meine Erkenntnisse möchte ich mit Ihnen teilen.

Anstoß zu dieser Schrift bot mir die Einladung der Klinikzentralverwaltung Bad Rappenau, anlässlich eines Selbsthilfetages des Selbsthilfebüros Heilbronn einen Vortrag zu halten. Als ich dort den Titel *Angehörige(r) sein – Würdigung eines menschlichen Dilemmas* einreichte, signalisierte mir das Selbsthilfebüro zunächst Bedenken wegen des Wortes „Dilemma", ließ sich jedoch darauf ein, nachdem ich mein Anliegen mit folgenden Worten verdeutlichte: *„Erschrecken möchte ich niemanden. Das kann ich jedoch nicht ausschließen, denn unsere emotionalen Grenzen sind so unterschiedlich, wie wir Menschen selbst. Und sie sind abhängig davon, wie selbstwirksam wir uns in unserer aktuellen Lebenssituation erleben. Ich möchte wachmachen für*

Themen, die uns bewegen und unser Handeln maßgeblich beeinflussen können.

Ich lege den Finger behutsam auf die Wunde – nicht um den Schmerz zu vergrößern, sondern um so zur Versöhnung mit den eigenen inneren Schmerzpunkten einzuladen. Ich hoffe mein wohlwollendes Anliegen hinter dem Titel der Ankündigung ist spürbar!?"

Ein inneres Dilemma an die Oberfläche zu holen, dieses auszusprechen, es zu benennen, das scheint für viele Menschen immer noch etwas eher Bedrohliches als etwas Lösendes zu sein.

Das Dilemma

Wenn Krankheit, Trauer, Schmerz oder Wahnsinn einen geliebten Menschen umarmen, umklammern sie auch dich; weil du da bist, weil du derjenige bist, der dem Betroffenen nahesteht.

Du wirst zum Mit-Betroffenen seines Leidens. Ob du das willst oder nicht. Ungefragt trägst du Mit-Verantwortung am weiteren Krankheitsverlauf. Und wenn du großes Glück hast, kannst du eines Tages vielleicht sagen, dass du einen wichtigen Beitrag zur Genesung geleistet hast.

Welcher Angehörige wünscht sich das nicht?

Doch ob dir das gelingt, bestimmst nicht du. Es liegt nicht in deiner Macht. Und doch ist es dein ganz persönlicher Einsatz, welcher unverzichtbar und wertvoll sein kann.

Das Dilemma eines jeden Angehörigen bleibt die sich immer und immer wiederholende Frage:

Wie kann ich für meinen Angehörigen sorgen und mein eigenes Leben bewahren?

Warum gibt es Menschen, denen das nicht gelingt? Angehörige, die bereits auf kleinste körperliche oder seelische Veränderungen eines nahen Betroffenen nur noch in Hilflosigkeit versinken. Oder diejenigen, die sofort in eine Art Verteidigungsstellung gehen, so als sei die Krankheit oder eine schwere Verletzung eines nahestehenden Menschen ein großer Feind. Häufig sprechen Angehörige von ihrem zermürbenden Kampf mit dem Betroffenen oder gegen dessen Krankheit. Andere wiederum reagieren mit Flucht auf eine unberechenbare Größe, wie es eine schwere Krankheit oftmals auch sein kann.

Wie sehr wir uns doch alle nach Vergewisserung sehnen, nach Antworten, die uns doch endlich zur Ruhe kommen lassen mögen.

Wie kann es sein, dass der Eine bereits bei kleinsten Erschütterungen im Leben zusammenbricht. Und ein Anderer zeit seines Lebens selbst nahezu unmenschlichsten Herausforderungen trotzt und sich dabei sogar noch seine Lebensfreude bewahrt?

Warum gelingt es manchen Menschen scheinbar leichter, sich auch auf schlimmste Veränderungen im Leben eines geliebten Menschen einzulassen, ja, das ganze bisherige Leben mit der scheinbar größten Selbstverständlichkeit auf den Kopf zu stellen, wenn dies das körperliche oder seelische Befinden eines Angehörigen erfordert?

Dem Schmerzpunkt auf der Spur

Bei meinen Arbeiten fiel mir immer wieder ein einziger kleiner Satz ins Auge. Und so oft ich diesen in Händen hielt, so oft verwarf ich ihn.

„Sorge ist Liebe."

Nein, ist es nicht. Weg damit! Sorge ist nicht Liebe. Sorge belastet, Sorge macht hilflos, Sorge schwächt, Sorge macht dich zum Opfer. Davon war ich sehr lange Zeit überzeugt. Ich verstand Sorge als etwas, wovon ich mich unbedingt fernhalten musste.

Denn „in Sorge" zu sein hatte für mich etwas existentiell Bedrohliches, ließ mich nicht zur Ruhe kommen, verhinderte meine Lebendigkeit, raubte mir meine Lebensfreude. Auch noch im tiefsten Leid vermied ich es deshalb von Sorge zu sprechen.

Damit Sie verstehen können, warum ich lange Zeit so dachte, erzähle ich Ihnen im Folgenden ein wenig aus meiner Kindheit.

Meine Mutter war eine kleine, hilflose Frau. Jedoch ganz groß darin, sich hilflos fühlend Sorgen zu machen. Ihr Leben lang. Sorgen um ihren Mann, Sorgen um ihre sechs Kinder, Sorgen um sich selbst. Ihr Leben bestand bis zu ihrem Ende darin, sich darüber zu sorgen, ob denn jemals alles wieder gut werden würde. Doch nichts wurde wieder gut, durch dieses *sich andauernde Sorgen*. Im Gegenteil:

In uns Kindern entwickelte sich eine tiefsitzende Hilflosigkeit im Umgang mit Krankheit und Schmerz, mit Problemen und Konflikten jeder Art. Durch unsere jahrelang erlernte Hilflosigkeit entstanden in uns schwerste Scham- und Schuldgefühle, für die wir keine Worte kannten, um sie auszudrücken.

Damals, vor fünfzig Jahren, sprach man nicht über seine Gefühle. Und schon gar nicht über Schweres. Ein Kind fühlt sich jedoch immer verantwortlich für das, was in der Familie passiert. Ungefähr bis ca. zum 10. Lebensjahr. Für die Wutausbrüche des Vaters, die Streitereien in der Familie, den Tod der Großmutter, für jede Träne der Mutter – ihre Tränen kann ich noch heute riechen.

Ein Kind fühlt und denkt immer: Ich bin schuld.

Als ich neun Jahre alt war, verunglückte mein schwerkranker Vater tödlich. Wieder einmal volltrunken, wurde er am Bahnsteig von einem vorbeirasenden Zug erfasst. Und es mag grausam klingen – für meine fünf Geschwister, für meine Mutter und für mich bedeutete sein Tod Befreiung.

Befreiung von was? Das habe ich viele Jahre lang nicht verstehen können. Niemand aus meiner Familie sprach mit mir darüber.

Es war die Befreiung aus einer jahrzehntelangen traumatisierenden Hilflosigkeit. Einer stummen Ohnmacht, weder für sich selbst noch für den kranken Ehemann und Vater sorgen zu können. Eine damals schwer zu ertragende Last, die uns mit dem Tod des Vaters genommen wurde. Mit dieser erlernten Hilflosigkeit und schwer beladen mit Schuld- und Schamgefühlen ging ich in die Welt und versuchte mein Bestes – als Frau, als Partnerin, als Mutter. Was mir lange Zeit nicht besonders gut gelang.

Die retrospektive Falle

Doch was ist, wenn sich nichts ändert, kein Fortschritt wahrgenommen wird? Bleibt eine Verbesserung der Lebensumstände dauerhaft ungewiss, kann ein Mensch nicht mehr so wie „im normalen Leben" auf ein Ziel hin existieren. Was außerhalb des persönlichen Erlebens liegt, scheint unwirklich, unnahbar, unerreichbar. Alles da draußen, das sogenannte „normale Leben", wirkt dann irgendwie gespenstisch. Alles erscheint zu laut, zu viel, zu schnell. Jede Lebensfreude im nahen Umfeld tut nur noch weh. Das Glück der anderen wird unaushaltbar. Es fühlt sich an, als sei man der Welt verloren gegangen.

Ich bin mir sicher, dass viele von uns dieses Gefühl des „verloren seins" sehr gut kennen. Was es mit uns macht, wenn sich alles in unserem Leben nur noch um *die Rettung* eines geliebten Menschen dreht? Du möchtest schreien: „Sieht denn niemand meine Not? Sieht denn niemand, dass ich nur noch falle, dass ich mich verliere?" Du möchtest schreien, doch du bleibst stumm. Niemand scheint es wirklich zu bemerken.

Letztendlich spielt dabei die Art der Erkrankung des betroffenen Mitmenschen nicht die entscheidende Rolle. Die Gefühle in uns gleichen sich, unabhängig von Krankheitsbildern: Schock, Verzweiflung, Hilflosigkeit, Ohnmacht, Wut, Trauer, Scham und Schuld werden unsere vertrauten Alltagsbegleiter. Es sind unsere eigenen Emotionen, denen wir zum Opfer fallen können.

Wie kann das sein? Die meisten von uns haben niemals einen wirklichen Erwachsenen in sich entwickelt, ein liebevolles inneres Elternteil, das weiß wie wir unser inneres Kind lieben und fürsorglich unterstützen, wie man liebt, ohne nachgebendes kontrollierendes Verhalten.

Dazu eine kleine Geschichte:

Zwei Wölfe

Ein alter Indianer saß mit seinem Enkelsohn am Lagerfeuer. Es war schon dunkel geworden und das Feuer knackte, während die Flammen in den Himmel züngelten. Der Alte sagte nach einer Weile des Schweigens: „Weißt du, wie ich mich manchmal fühle? Es ist, als ob da zwei Wölfe in meinem Herzen miteinander kämpfen würden. Einer der beiden ist rachsüchtig, aggressiv und grausam. Der andere hingegen ist liebevoll, sanft und mitfühlend."
„Welcher der beiden wird den Kampf um dein Herz gewinnen?", fragte der Junge. „Der Wolf, den ich füttere", antwortete der Alte.

Unsere Gefühle ernähren sich von unseren Denkstrukturen und umgekehrt. Davon, wie jeder Einzelne von uns gelernt hat, über mitmenschliches Zusammenleben zu denken. Wenn du diese Zusammenhänge als Kind nicht gelernt hast, kannst und solltest du das später nachholen. Wofür?

Ein Mensch, der sich menschlich so sehr verliert, in seiner Sorge um seine Liebsten und um sich selbst, neigt zu einer retrospektiven Daseinsweise. Er blickt zurück auf seine Vergangenheit. Eine Zukunft ist nicht vorstellbar, die Gegenwart erscheint unerträglich. Ein Zurückblicken dient nun dazu, den unerträglichen Dauerschrecken der Gegenwart zu entwerten, ihn abzuschwächen, kleiner zu machen. Was hier zunächst als Schutzmechanismus dient, verhindert gleichzeitig, die noch vorhandenen Ressourcen in der Gegenwart zu erkennen.

Der verengende Blick verdunkelt den Eindruck: Ich kann nichts mehr tun für mein geliebtes Kind, meinen Partner, meine Eltern. Egal was ich tue, es scheint die Situation nur noch zu verschlimmern. Alles ist sinnlos.

Erlösung Diagnose – Fluch und Segen

Als eines meiner Kinder im Alter von 19 Jahren endlich eine Diagnose bekam, war das Fluch und Segen zugleich. Nach Jahren extremen Suchtverhaltens, des Abgleitens in gefährliche Kreise, nach unzähligen Gefühls-Achterbahnfahrten, bereit zum Absprung in den Tod: Endlich eine Diagnose. Diese Diagnose bedeutete letztendlich Rettung für mein Kind; und heute kann ich sagen, auch für mich.

Gott sein Dank! Nun hat das Unaussprechliche und das Nichtverstehbare endlich einen Namen bekommen. Und meine Tochter eine Diagnose, die einem Brandmal gleicht:
F60.31 = Borderline Persönlichkeitsstörung. Heute sprechen wir von einer emotional instabilen Persönlichkeitsstörung vom Typ Borderline.
Aber, was ist das überhaupt? Wo kommt so etwas her? Bin ich, ihre Mutter, Schuld daran? Das hört man doch so häufig. Was habe ich falsch gemacht? Mit wem kann ich darüber reden? Niemand versteht mich. Ich wusste nicht, wie ich ihr noch helfen konnte. Ich hatte alles versucht. Doch was ich auch tat, es schien die Situation nur noch zu verschlimmern. Mischte ich mich ein, war ich eine übergriffige Helikopter-Mutter. Eine, die nicht von ihrem Kind lassen konnte. Tat ich nichts, wurde ich als egoistische Rabenmutter abgestempelt. Eine, der es egal war, was aus ihrer 19-jährigen Tochter wurde. Wer klärt mich auf? Wer hilft mir, das alles zu verstehen, mich richtig zu verhalten? Wo finde ich Unterstützung? Inzwischen fühlte ich mich selbst am Ende meiner Kräfte. Aus der Helfenden wurde eine Hilfsbedürftige. Soll es das gewesen sein?

Wie viele Jahre war ich auf der Suche danach, als Frau und Mutter liebend sorgen zu können, ohne mich dabei zu verlieren, wie damals meine Mutter. Nicht wissend, dass alles Belastende, alles Unverarbeitete mich in meinem Menschsein immer und immer wieder aufsuchen würde, so lange ich nicht bereit war, alte Seelenwunden aus Kindertagen anzuerkennen und zu verarbeiten. Erst als ich mich das traute, wurde mein Blick frei für neue, heilsame und stärkende Wege. Paradoxerweise mitten im größten Chaos. Manchmal braucht es dazu das schonungslose Eingeständnis der eigenen Hilflosigkeit und die Bereitschaft Hilfe annehmen zu können. Ein Loslassen von unrealistischen Allmachtsphantasien, in denen wir glauben, für alles und jeden eine Lösung finden zu können oder zu müssen.

Von (Irr-)Wegen des Helfens und einem destruktiven Krankheitsgewinn

Doch so einfach ist das nicht, mit dem helfen wollen: Manch ein Angehöriger scheint in der Bedürftigkeit des Betroffenen geradezu aufzublühen. Der Angehörige heißt die Krankheit des Betroffenen wie ein neues Familienmitglied willkommen und macht diese zu seinem persönlichen Projekt. Unbewusst wird der Betroffene dadurch zum Objekt abgestempelt. Was aber passiert, wenn sich sein Gesundheitszustand soweit stabilisiert, dass er von nun an wieder ohne fremde Hilfen, eigenständig in seinem Leben zurechtkommt? Damit könnte der Angehörige seine sich selbst auferlegte Bedeutsamkeit verlieren. Werde ich dann noch gebraucht? Eine Frage, die wir gern häufiger auch an Menschen in unseren professionellen Helfersystemen richten dürfen.

Bekommt ein Betroffener zu viel angebotene Unterstützung, in Verbindung mit überwiegend krankheitsbedingt fehlender Bereitschaft zur Eigenverantwortung, kann das einen Genesungsprozess ebenso behindern. Fachleute sprechen dann von einem „sekundären Krankheitsgewinn". Dann, wenn der Betroffene sich mit „seiner" Erkrankung arrangiert, um auch längerfristige Vorteile aus der Erkrankung und der damit verbundenen Hilfe durch andere zu ziehen.

Manch Betroffener findet in „seiner Diagnose" die ersehnte Identität: *Jetzt weiß ich endlich wer ich bin. Ich bin ein Borderliner, besser als nix.*" Deshalb wird die Diagnose mit Entschiedenheit verteidigt. Erhält diese dann noch den kleinen Zusatz „chronisch", scheint das Schicksal besiegelt: *Da kann man sowieso nix mehr machen.*"

Wenn Betroffene und auch Angehörige über einen längeren Zeitraum der Ansicht sind, in ihrem Leben keine Kontrolle zu besitzen und sich für diesen Zustand der Hilflosigkeit allein verantwortlich fühlen, befinden sie sich in einer Kombination aus wahrgenommener Hilflosigkeit und Selbstbeschuldigung. Diese Kombination kann in eine Ohnmachtsfalle führen, aus der sie allein nur schwer herausfinden können.

Wir sehen also, es ist wirklich anspruchsvoll ein guter Angehöriger sein zu können.

Selbsthilfe leben

Die organisierten Angehörigen in Selbsthilfegruppen, in Landes- und Bundesverbänden brauchen noch viel mehr selbstverständliche Anerkennung, Unterstützung und gleichwürdigen Austausch seitens unserer bestehenden Gesundheitssysteme, Forschung und Wissenschaften.

Leider gehört es immer noch nicht zum bundesweiten Standard, doch vielerorts wird sie schon praktiziert, eine direkte Vernetzung zwischen regionalen Selbsthilfebüros und Fachkliniken. Klickt man auf die Seiten mancher Fachkliniken, erscheint bereits auf der ersten Seite ein Link zur regionalen Selbsthilfestelle. Für mich macht sich gelebte Selbsthilfefreundlichkeit eben auch an diesen kleinen Dingen fest; nur ein Klick und ich werde von der Homepage einer Fachklinik direkt in die Selbsthilfe übergeleitet. Das wünsche ich mir eben auch als Angehörige, dass eine Fachklinik weiß, wie verwirrend und ermüdend die Suche nach einer passenden Anlaufstelle sein kann. Sind wir inzwischen nicht alle längst etwas „klickmüde" geworden?

Auf den Seiten des Selbsthilfebüros Kassel (KISS) werde ich z. B. mit den Worten empfangen: „Selbsthilfe ist ein Geben und Nehmen. Selbsthilfe bedeutet, sein Schicksal selbst in die Hand zu nehmen – eigenverantwortlich. Und es ist der gemeinsame Versuch, mit anderen Betroffenen Probleme und Herausforderungen zu meistern. Aufklärung, Wissen und Zusammenhalt sind dabei elementare Erfolgsfaktoren der Selbsthilfe."

Auf den Seiten des Selbsthilfebüros Heilbronn lese ich: „Menschen, die ihre Probleme teilen, sind nicht mehr allein!"

Genau darum geht es in der Selbsthilfe: Ankommen, ein „wir" erleben. Ohne Selbsthilfe läge in unserem Gesundheitssystem ein grober Kunstfehler vor. Es würde schlicht zusammenbrechen. Umso erstaunlicher ist, dass diese Initiative an vielen Stellen unseres Gesundheitssystems immer noch so zeit- und kräftezehrend um Anerkennung von Leistungen und Nutzen, damit auch um finanzielle Unterstützungen kämpfen muss. Aus meiner Sicht hat sich Selbsthilfe zu einem nicht mehr wegzudenkenden, nicht austauschbaren Unikat im Genesungs- und Heilungsprozess etabliert. Keine noch so anerkannte Therapieform kann den Code von Selbsthilfe, die Dynamiken, das was zwischen den „sich selbst helfenden Menschen" passiert, jemals knacken. Wir brauchen also beides im Zusammenschluss: Wissenschaftlich fundiertes und ganzheitliches „Zusammenwirken" auf Augenhöhe mit Selbsthilfe.

Neben den klassischen Selbsthilfegruppen bieten uns unsere trialogischen Veranstaltungen ein wunderbares Übungsfeld für solche Begegnungsformen in Gleichwürdigkeit. Trialog als gemeinsamer Begegnungsraum für den Erfahrungsaus- tausch zwischen Betroffenen, Angehörigen und professionellen Helfern. Hier sind alle Teilnehmer Lernende!

Hier sollte eine Haltung des „Jenseits von richtig und falsch" spürbar sein.

Dafür müssen wir uns als Betroffene, als Angehörige und als professionelle Helfer zuhören können, uns zusehen können – in unserem Schmerz, in unserer Verzweiflung, in unserer Angst. Wir müssen ein WIR empfinden, wenn wir vom WIR sprechen, wir müssen uns wirklich verstehen, bevor wir sagen: „Ich habe dich verstanden." Um das zu können, müssen wir Mut aufbringen uns zu zeigen. Denn nur dann, wenn wir es wagen aus uns selbst heraus zu treten, wenn wir unser Innerstes sichtbar werden lassen, uns damit auch selbst verwundbar machen, nur dann kann echte Begegnung möglich werden. Das ist die Voraussetzung dafür, einem geliebten Menschen in seiner Bedürftigkeit wahrhaftig zur Seite stehen zu können und gleichzeitig für sich selbst gut zu sorgen, um irgendwann sagen zu können:

Heute kann ich Liebe mit Sorge, oder Sorge mit Liebe verbinden, ohne mich zu verlieren.

Psychoedukation

Wissens- und Kompetenzvermittlung

Einen weiteren Lernraum für stabilisierende, nachhaltige Selbstwirksamkeit bieten uns heute die Psychoedukations-Schulungen, sowohl für Betroffene, als auch Angehörige. Allerdings sind diese wichtigen Bausteine der Selbstbefähigung bundesweit noch rar gesät. Ganz besonders im Bereich der Angehörigenarbeit. Aus langjähriger Erfahrung halte ich einen niederschwelligen Zugang für jeden interessierten oder mitbetroffenen Angehörigen für einen relevanten Zugangsfaktor. Unabhängig von der Zustimmung eines evtl. nahestehenden Betroffenen. Ein Angehöriger hat das Recht sich in seiner seelischer Not Hilfe und Unterstützung zu holen. Ebenso wie ein Betroffener.

„Unter dem Begriff der Psychoedukation werden systematische didaktisch-psychotherapeutische Interventionen zusammengefasst, die dazu geeignet sind, Patienten und oder ihre Angehörigen über die Krankheit und ihre Behandlung zu informieren, das Krankheitsverständnis und den selbstverantwortlichen Umgang mit der Krankheit zu fördern und sie bei der Krankheitsbewältigung zu unterstützen."
(Bäuml und Pitschel-Walz 2008)

Ziel: Selbstbefähigung

Das oberste Ziel besteht darin, den Faktor Empowerment ("Selbstbefähigung") bei den Betroffenen und ihren Familien zu stärken. Damit die Patienten ihre Erkrankung möglichst gut bewältigen können, müssen sie ein Grundverständnis für die Hintergründe ihrer Erkrankung und die aktuell zur Verfügung stehenden Behandlungsmöglichkeiten entwickeln. (...)

Stand: 07.04.21 https://www.psychiatrie.de/behandlung/psychoedukation.html

Finde und bewahre deine Werte: Authentizität

In vielen Gesprächen höre ich von den Sorgen der Eltern um ihre Kinder, von den Sorgen um den einstmals so starken Ehemann, der durch die schwere Krankheit seinen Lebensmut verloren hat. Von der Sorge der Tochter, die um die alternde Mutter trauert, weil diese ihr durch fortschreitende Demenz verloren geht. In dieser Sorge um einen anderen Menschen ist fast immer Liebe zu spüren. Fast immer. Manchmal scheint der Besorgte jedoch nur noch um sich selbst zu kreisen, ohne es überhaupt zu bemerken. Dann ist aus anfänglicher Sorge für den geliebten Menschen eine tiefe Verunsicherung entstanden. Der Helfende will helfen, verzweifelt jedoch an seiner eigenen Hilflosigkeit. Er wird selbst zum Hilfsbedürftigen. So wie damals meine kleine große Mutter.

Sorge hat also zwei Dimensionen; eine stärkende und eine schwächende. Sich stärkend sorgen können – Was hilft uns dabei? Wissen, was die eigene Person ausmacht. Nicht fremd bestimmt leben, sondern bewusst aus eigenen Quellen schöpfen. An die eigenen Ressourcen kommen, keine Fassaden-Existenz führen, sondern intensiv fühlen und authentisch leben. Echt sein. Auch und gerade im Schmerz. Selbst dann, wenn mein „Echt sein" meinem Gegenüber weh tut, oder ihm nicht gefällt. Ja! Denn das bedeutet, sich seiner persönlichen Werte bewusst zu sein. Was ist es, woran ich als Mensch glaube? Wofür stehe ich im Leben ein? Was sind die Dinge, von denen ich in meinem Menschsein zutiefst überzeugt bin? Diese Bewusstheit zu bewahren, hilft uns dabei, im Chaos der Gefühle die Orientierung zu behalten.

Authentizität, echt sein, wird von Angehörigen fast immer als der Schlüssel zur Umkehr von der Ohnmacht in die Stärke anerkannt. An dieser Stelle möchte ich den Wert vom „Echt sein" durch ein Beispiel lebendig machen.

Ich besuchte ein befreundetes Paar. Zwei Menschen, beide weit über 70, die in großer geistiger Freiheit ihr Leben gemeinsam leben und auch genießen können. Ich kam mit der Frage: Was bedeutet es Angehörige eines körperlich schwer kranken Mannes sein? An diesem Abend durfte ich zu Gast sein in einem zutiefst intimen und schmerzvollen Augenblick zwischen zwei Liebenden. Zwei Menschen, die erkennen, dass sie sich nie mehr so nahe sein können, wie sie es liebten. Vielleicht nur noch für wenige Augenblicke. Die Krankheit des Mannes hat ihn verändert. Der einst so kluge und gefragte Lebensberater verliert leise seinen Lebensmut.

Er versinkt in Trauer um Verlorenes:

„Ich spüre, dass ich mich auflöse." – „Bleib bei mir", bittet er seine Frau. Sie soll diesen dunklen Moment mit ihm teilen.

Sie steht auf und trägt etwas in die Küche.

„Bleib doch bei mir", fleht er, „Geh doch nicht weg!"

„Ich gehe nicht weg, ich bin immer da", antwortet sie aus der Küche. „Ich bin immer da! Ich lasse dich nicht allein!"

„Doch, du lässt mich allein."

„Ich bleibe bei dir. Aber ich begleite dich nicht in deine Dunkelheit!"

Ein verzweifeltes Ringen um Nähe und Distanz. Hier kommt die liebende Sorge der Frau schmerzvoll an ihre Grenzen. Dies war das schwerste und schönste NEIN aus Liebe, welches ich jemals miterleben durfte. Zwei liebende Menschen in ihrem Leiden sich gegenüber. Sie können sich hier nicht berühren, weil sie dafür ihre Welten verlassen müssten. Der Mann kann sich nicht allein aus seiner Trauer befreien, die Frau verteidigt ihre letzte Sicherheitszone: Sie will sich im aktiven Lebensmodus halten, um weiter stark sein zu können; für sich und für ihn. Sie sagt ihrem Mann, dass sie ihn in seinen dunkelsten Stunden nicht begleiten kann und will. Würde sie sich darauf einlassen, verlöre sie sich mit ihm in seinem Schmerz. Das will sie unbedingt verhindern. Sie braucht ihre noch vorhandenen Kräfte, um das gemeinsame Leben auch weiterhin durch die schwere Krankheit ihres Mannes hindurch lebenswert und schön gestalten zu können. Bis zum Ende.

Sie bleibt authentisch, bleibt bei sich und sagt zu ihm:

Nein aus Liebe

Wofür ist das hilfreich?

Authentizität ist eine Hauptzutat für eine gesunde Beziehung

Ein Mensch, der sich authentisch verhält, ist vertrauenswürdig. Diese liebende Partnerin kennt die Grenzen ihrer Belastbarkeit sehr genau. Sie befürchtet, sich in der Trauer ihres Mannes zu verlieren und dann selbst nicht mehr aufstehen zu können. Sie hat jedoch die Wahl, wie sie sich verhält, wenn sie sich so fühlt. Akzeptiert sie die Grenzen ihrer Belastbarkeit, sorgt sie gut für ihr eigenes Wohlbefinden.

Auch wenn ihre Antwort für beide schmerzvoll ist, so gibt sie gleichzeitig die Sicherheit, dass sie ihm auch weiterhin in Echtheit begegnen wird. Eine unterdrückte Unsicherheit ließe eine Distanz zwischen dem Paar entstehen. Und als Folge würde die Qualität der Beziehung darunter leiden.

Ein guter Kontakt ist nicht immer harmonisch.
Jesper Juul

Sinnsuche

Egal wie alt du bist, egal wie schwer dein Leben jetzt auch sein mag, du hast die Macht darüber zu entscheiden, ob du dich deinem Schicksal ergeben willst, oder ob du dich auf die Suche machen willst, nach einem Sinn, der dich da durchträgt.

„Der Wille zum Sinn" ist eines der wichtigsten Motive des Menschen zum Leben.

Selbst in existentiellen Krisen wird dieser Wille nicht außer Kraft gesetzt, sagte Viktor Frankl, österreichischer Neurologe und Psychiater. Frankl hat in Wien jahrelang mit suizidgefährdeten Frauen gearbeitet. In seinem klinischen Lebenswerk hat er sich wissenschaftlich mit der Kategorie des Sinns beschäftigt:

„Ist der Mensch auf der Suche nach Sinn fündig geworden, dann wird er glücklich. Auf der anderen Seite wird er dann aber auch leidensfähig."

„Leiden an sich bringt den Menschen nicht zur Verzweiflung. Sondern nur Leiden, das ohne Sinn zu sein scheint, führt zur Verzweiflung."

„Alles kann einem Menschen genommen werden. Bis auf eine einzige Sache: Die letzte menschliche Freiheit, in jeder Situation die eigene Haltung zu wählen und seinen eigenen Weg zu gehen."

Victor Frankl war jüdischer Abstammung. Er hat selbst drei Jahre als KZ-Insasse überlebt.

Zusammenfassend kann gesagt werden:

Wer seinen menschlichen Schmerzpunkt findet,
wer diesen würdigt, indem er ihn anschaut, annimmt und dann betrauert,
wer sich, auch und gerade in schweren Zeiten, authentisch in seinem Verletzt sein und in seiner Hilfsbedürftigkeit zeigt und Hilfe annehmen kann,
wer sich seiner tragenden Werte bewusst ist und diese authentisch lebt,
wer dann noch (s)einen Sinn im Schweren findet,
dem kann es gelingen seinen Ort der liebenden Sorge und sorgender Liebe zu erreichen und zu bewahren.

In Würdigung dieses Auftrags des Lebens an unser Menschsein als Angehörige(r), schließe ich mit den Worten von Prof. Dr. med. Josef Bäuml, die er 2019 in Kassel, Bad Emstal beim Forum der VITOS-Angehörigendienste sagte:

„Siehst du einen Angehörigen kommen,
breite ihm deinen roten Teppich aus."

Inspiration:

Freispruch der Familie – Wie Angehörige psychiatrischer Patienten sich in Gruppen von Not und Einsamkeit, von Schuld und Last freisprechen.
Klaus Dörner (Hg.), A. Egetmeyer (Hg.), K. Koenning (Hg.)
ISBN: 978-3-86739-141-2

Gewaltfreie Kommunikation im Gesundheitswesen
Eine Kultur des Mitgefühls schaffen
Melanie Sears
ISBN 978-3-87387-784-9

Vom Rettungsboot zum Leuchtturm
Vom Chaos zur Klarheit Band 1
Ein persönlicher Ratgeber für Eltern im Chaos der Gefühle
Bärbel Jung (Hg.)
ISBN-10: 3750437343   ISBN-13: 978-3750437340 Print 2020

Was Familie trägt
Werte in Erziehung und Partnerschaft
Ein Orientierungsbuch
Jesper Juul
ISBN 978-3-407.22905-2

Wer ein warum zum Leben hat
Lebenssinn und Resilienz
Victor E. Frankl
ISBN-10: 3407864922   ISBN-13: 978-3407864925